Doris Arend und Claudia Ondracek

Erstlesegeschichten
Schulhof

Mit Bildern von Sabine Kraushaar
und Silke Voigt

Ravensburger

Bibliografische Information der Deutschen Nationalbibliothek:

Die Deutsche Nationalbibliothek verzeichnet diese Publikation
in der Deutschen Nationalbibliografie.
Detaillierte bibliografische Daten sind im Internet
über http://dnb.d-nb.de abrufbar.

1 3 5 4 2

Ravensburger Leserabe
Diese Ausgabe enthält die Bände
„Schulgeschichten" von Doris Arend
mit Illustrationen von Sabine Kraushaar,
„Die Schulhofdetektive und der geheimnisvolle Dieb" von Claudia Ondracek
mit Illustrationen von Silke Voigt
© 2012, 2013

© 2024 Ravensburger Verlag GmbH
Postfach 2460, 88194 Ravensburg
für die vorliegende Ausgabe

Umschlagbild: Sandra Reckers
Konzept Leserätsel: Dr. Birgitta Reddig-Korn
Printed in Germany
ISBN 978-3-473-46356-5

ravensburger.com
www.leserabe.de

Inhalt

 Schulgeschichten 7

 Die Schulhofdetektive und der geheimnisvolle Dieb 47

Doris Arend

Schulgeschichten

Mit Bildern von Sabine Kraushaar

Inhalt

Ein Papagei im
Klassenzimmer   10

In der Bücherei   20

Sari ist neidisch   30

Der neue Lehrer   38

Ein Papagei im Klassenzimmer

Die Kinder in der 1a rechnen.
Es sind schwere Aufgaben.
Tobias rauft sich die Haare.
Eva beißt sich auf die Lippen.
Tim starrt in die Luft.

„Putzi pupst!", ruft da jemand.
„Ruhe!", sagt Frau Geck, die Lehrerin.
„Ruhe!", ruft die Stimme zurück.

Ganz schön frech!
Wer traut sich denn so was?
Alle schauen zum offenen Fenster.
Dort sitzt ein Papagei.

Er flattert ins Klassenzimmer.
Was nun?
Der Papagei ist bestimmt entflogen.
„Wir müssen ihn fangen!",
rufen die Kinder.

Tobias schließt schnell das Fenster.
Frau Geck streckt die Hand aus.
Doch der Papagei
landet auf ihrem Kopf.
„He!", ruft Frau Geck erschrocken.

Da fliegt der Papagei
auf eine Girlande.
Eva zieht daran.

Der Faden der Girlande reißt.
Alle gebastelten Blumen
purzeln herunter.
Der Papagei flüchtet
auf die Landkarte.

Tim rennt los.
Er stolpert und hält sich
an der Landkarte fest.
Die ganze Welt kracht herunter.

Da wird die Tür aufgerissen.
„Was ist denn das für ein Lärm?",
fragt der Direktor streng.
Der Papagei fliegt zum Direktor.
Er landet auf seiner Schulter.

„Putzi, wo kommst du denn her?",
fragt der Direktor erstaunt.
„Sockenstinker! Sockenstinker!",
ruft der Papagei.
Was für ein komischer Spitzname!
Der Direktor wird ganz rot.

In der Bücherei

Die Klasse 2c besucht die Bücherei.
Jeder Schüler darf ein Buch lesen.
Moritz hat gar keine Lust.
Er schlägt irgendein Buch auf.

Piraten stürmen heraus.
Erschrocken klappt Moritz
das Buch wieder zu.
Die Piraten verschwinden.
Er öffnet das Buch noch einmal.

Wieder stürmen Piraten heraus.
Sie rasseln mit den Säbeln.
Sie rollen mit den Augen.
Sie heben drohend die Faust.

Aber Moritz hat keine Angst.
Er spielt selbst gerne Pirat!
„Wo kommt ihr denn her?",
fragt er erstaunt.

Da erzählen ihm die Piraten
von ihrem großen Abenteuer:
Hundert Tage waren sie auf See.
Hundert Schiffe haben sie überfallen.

Dann kam ein großer Sturm.
Das Schiff ist gekentert.
Schmuck und Gold
sind im Meer versunken.

Die Piraten haben sich
auf eine Insel gerettet.
Die Geschichte ist aus!
Die Piraten springen zurück ins Buch.

Moritz sieht sich um.
Keiner hat etwas bemerkt.
Moritz öffnet ein anderes Buch.
Ein Drache fliegt heraus.
Moritz vergisst alles um sich herum.

„Moritz!", ruft der Lehrer da.
„Wo bleibst du denn?
Leih dir das Buch doch aus
und bring es morgen zurück!"

„Bis später", wispert Moritz
dem Drachen zu.
Der winkt und verschwindet im Buch.
Das wird ein spannender Abend!

Sari ist neidisch

Sari mag keinen Sport.
Sie stolpert immer über ihre Füße.
Sie fällt immer auf die Knie.
Sie ist immer die Letzte.

Heute ist Sportfest.
Die Kinder beginnen mit Weitsprung.
Lilli springt weit.
Noor springt weit.
Maja springt am weitesten.

Sari springt auch.
Aber sie landet kopfüber im Sand.
„Warum spring ich nur nicht so weit
wie Maja?", seufzt Sari.

Nun kommt der 100-Meter-Lauf.
Sari läuft, so schnell sie kann.
Da passiert es:
Sie stolpert und fällt auf die Knie.

Lilli überholt sie.
Noor überholt sie.
Maja ist schon längst im Ziel.
„Warum lauf ich nur nicht so schnell
wie Maja?", seufzt Sari.

Am nächsten Tag haben
die Kinder Musikunterricht.
Lilli spielt auf ihrer Geige.
Noor spielt auf ihrer Flöte.
Maja spielt kein Instrument.

Sari setzt sich an den Flügel.
Ihre Hände laufen über die Tasten.
Ihre Finger springen hin und her.
Ganz schnell!

Sari spielt so schön.
„Das würde ich auch gerne können!",
seufzt Maja.

Der neue Lehrer

Der Direktor wartet in der 1b.
Heute kommt ein neuer Lehrer.
Die Kinder schauen gespannt
zur Tür.

Ein Mann kommt herein.
„Da sind Sie ja endlich!",
ruft der Direktor.
„Ich muss dringend weg!"
Und schon ist er verschwunden.

Der Mann lacht.
„Hallo, Kinder, ich bin Herr Fuchs."
Er holt ein Kartenspiel heraus.
Lia zieht eine Karte.
Das rote Herz-Ass.

Herr Fuchs mischt die Karten
und zieht eine heraus.
Das rote Herz-Ass!
Wie hat er das nur gemacht?

Herr Fuchs nimmt ein Tuch
und macht einen Knoten hinein.
Er zieht an den Enden.
Auf einmal sind es zwei Tücher.

Die Kinder staunen.
Da geht die Tür auf.
Der Direktor kommt herein und sagt:
„Sie sind gar nicht der neue Lehrer."

„Nein", sagt Herr Fuchs.
„Ich bin der neue Hausmeister.
Aber Sie waren schneller
verschwunden,
als ich einen Hasen
aus dem Zylinder zaubern kann."

„Super!", rufen die Kinder.
„Ein Hausmeister, der zaubern kann!
Jetzt werden die Pausen
bestimmt noch lustiger."

Claudia Ondracek

Die Schulhofdetektive und der geheimnisvolle Dieb

Mit Bildern von Silke Voigt

Inhalt

Die Schulhofdetektive 50

Der Knüller 52

Wie Kraut und Rüben 57

Pustekuchen! 62

Ganz schön haarig! 72

Die Schulhofdetektive

… das sind:
Ole, Henrik und Anne.

Ole
Liebt: Kaugummiblasen
Hasst: Besserwisser und
Sportskanonen
Träumt: von einem Roboter,
　　　　der für ihn aufräumt
Will sein wie: James Bond

Henrik
Liebt: skaten, skaten und noch mal skaten
Hasst: Ermittlungen, die feststecken
Träumt: von einem Skateboard mit Motor
Will sein wie: Juri Gagarin, der erste Mann im All

Anne
Liebt: Kater Roko und ihr neues Fahrrad
Hasst: Geschirrspüler ausräumen
Träumt: von einem erfolgreichen Detektivbüro
Will sein wie: … sie ist!

Der Knüller

„Kuchen wäre viel besser",
meckert Ole.
„Wer kauft schon
so was Gesundes?"

Er zeigt auf die Teller
mit belegten Brötchen,
die auf den vorderen Tischen
im Klassenzimmer stehen.

Alles ist schön garniert
mit Salatblättern,
Gurkenstückchen
und sogar Bananenscheiben.

„Kuchen verkaufen doch
immer alle", meint Anne.
„Du wirst sehen,
das wird der Knüller!
Die stehen nachher
in der großen Pause
alle Schlange bei uns …"

„… und wir nehmen
richtig viel Geld ein",
sagt Henrik und schwenkt
grinsend die Klassenkasse.
„Dann ist unser Ausflug
in den Kletterpark gesichert!"

Ole ist immer noch nicht überzeugt.
„Das werden wir ja sehen …"

„Könnt ihr das bitte
nachher besprechen?",
unterbricht ihn da Herr Dapper
und klappert ungeduldig
mit dem Schlüsselbund.
„Jetzt ist Sport angesagt,
und ich will das Klassenzimmer
abschließen!"

Schnell schnappen sich
Ole, Henrik und Anne
ihre Turnbeutel und flitzen
hinter den anderen her
in die Sporthalle.

Wie Kraut und Rüben

„Mann, hab ich einen Kohldampf",
stöhnt Ole
zwei Sportstunden
und einige Sprints später.
Anne hebt warnend den Finger.
„Stibitz bloß nichts
von den belegten Brötchen, die …"
Der Satz bleibt ihr
im Hals stecken.

Denn auf den Tellern
sieht es aus wie Kraut und Rüben:
angebissene Brötchen,
Wurstscheiben
und zerrupfte Salatblätter.
Und von den Bananenscheiben
fehlt jede Spur.

„So eine Sauerei!", schimpft Henrik.
„Wer war das?"
Die Schüler der 1c
schütteln die Köpfe.

„War doch zugeschlossen",
sagt Paul empört.
„Da konnte keiner rein!"

„Einer muss aber
reingekommen sein!",
gibt Anne zurück.
„Warum sehen die Teller
sonst so aus?"
Alle grübeln:
Wer war das?
Etwa ein Lehrer?
Oder ein Schüler,
der den Schlüssel gemopst hat?
Oder ein gieriger Dieb,
der das Schloss geknackt hat?

„Ein klarer Fall für
die Schulhofdetektive!",
meint Ole und grinst.
„Wir müssen den Brotdieb stellen …"

„… und das werden wir auch",
sagt Henrik entschlossen.
„Sonst steht der Ausflug
auf der Kippe!"

Pustekuchen!

Im Klo ist es nicht nur eng,
es müffelt auch.
Aber durch den Türspalt
haben Ole, Henrik und Anne
alles bestens im Blick.

Noch einmal kann
der Dieb
nicht unerkannt zuschlagen.

Im Flur herrscht
gähnende Leere.
Nur durchs Treppenhaus
hallt Lärm vom Schulhof herauf.

„Der kommt heute nicht,
garantiert!",
murmelt Ole
und reibt sein Bein,
das eingeschlafen ist.

„Wieso denn?",
wispert Henrik.
„Viele Täter
kommen wieder
an den Tatort zurück!"

„Psst!", zischt Anne.
„Oder wollt ihr
den Dieb warnen?"

Da scheppert es
im Klassenzimmer!

Und das,
obwohl die ganze Zeit
nichts und niemand
zu sehen und zu hören war!

Wie kommt der Dieb
nur ins Klassenzimmer rein?
Anne flitzt los.

Ole und Henrik
schieben Wache –
und lauschen!
Drinnen hören sie
ein leises Scharren.

Herr Dapper kommt
und schließt auf.
Ungeduldig reißen
die drei Detektive
die Klassenzimmertür auf.

Doch das Klassenzimmer ist leer!
Nur Scherben,
Gurkenstückchen,
Wurst- und Käsescheiben
liegen auf dem Boden.

Ole, Henrik und Anne
suchen überall:
hinter der Tafel,
im Bücherschrank,
hinterm Lesesofa
und sogar im Mülleimer.

Aber nicht die klitzekleinste Spur
ist zu finden.

„So ein Mist!", schimpft Henrik
und lässt sich auf einen Stuhl fallen.
„Das kann doch nicht sein!
Wir haben erstens Scherben …"

„… und zweitens Verluste",
bekräftigt Ole und zeigt
auf den Scherbenhaufen.

„Und drittens haben wir was gehört!"
Anne überlegt.
„Vielleicht eine Ratte oder eine Maus?"

Henrik winkt ab.
„Quatsch, die können doch
nie und nimmer
einen Teller runterpfeffern."

Da weht ein Windstoß
ein paar Blätter vom Pult.

„Das Fenster!", ruft Ole.
„Das ist offen.
Der Dieb ist
durchs Fenster gekommen!"

Henrik lehnt sich hinaus.
„Aber wer klettert schon
durch ein Fenster im ersten Stock –
ohne Leiter?"

Ganz schön haarig!

Die drei Detektive
legen sich auf die Lauer:
Henrik hinterm Lesesofa,
Anne unterm Lehrerpult
und Ole
hinter einer aufgehängten Landkarte.

Die Brötchen duften verführerisch.
Ole läuft das Wasser
im Mund zusammen.

„Ich kann den Dieb
echt verstehen", denkt er
und streckt seine Hand aus.
„Finger weg!", zischt Anne.

Plötzlich hört man ein Scharren.
Das kommt von draußen
vor dem Fenster.
Der Dieb!
Dann klappert es.

Ob der Dieb ein Messer hat?

Henriks Herz klopft.
Er reißt den Zeigestock hoch.

Das Klappern und Scharren
wird lauter und lauter.
Eine Hand greift
nach dem Fensterrahmen …

Eine Hand mit vielen Haaren!
So eine Hand hat Anne
noch nie gesehen.

Ein Haarschopf taucht auf.
So wirr abstehende Haare
hat Anne auch noch nie gesehen.

Anne unterm Tisch
umfasst fest das lange Lineal.
Ole hält den Atem an.

Eine zweite haarige Hand greift
nach dem Fensterrahmen.
Wer kann das sein?

Schwungvoll zieht sich
der Dieb hoch und
springt ins Klassenzimmer –
direkt zu den Tellern mit den Brötchen!

„Ein Affe?", stößt Ole hervor
und beugt sich nach vorne.
Der Kartenständer fällt
mit einem lauten „Rums!" um.

Erschrocken lässt der Affe
die Bananenscheiben fallen
und setzt zum Sprung an.

Doch Henrik hinterm Sofa ist schneller.
Er reckt sich
und schlägt das Fenster zu.
So leicht kann der Dieb
nicht entwischen!

Der Affe flüchtet
auf den Bücherschrank.
Henrik und Anne kommen
aus ihren Verstecken hervor –
mit erhobenem Zeigestock
und Lineal.

Der Affe beginnt zu kreischen.

„Der hat Angst",
sagt Ole sofort.
Henrik und Anne lassen
ihre Waffen sinken.

„Wo kommt der bloß her?",
wundert sich Henrik.
„Aus dem Zoo?"
Ole zuckt mit den Schultern.

„Nein!", ruft Anne.
„Aus dem Zirkus Fliegenpilz!"

Ole und Henrik schauen
sie verwundert an.
„Woher weißt du das?"

„Das stand in der Zeitung!",
erklärt Anne. „August ist
vor ein paar Tagen ausgebüxt.
Der Zirkus sucht ihn!"

Als der Affe seinen Namen hört,
lauscht er aufmerksam.

„Komm, August, komm!",
lockt Anne ihn mit einem Brötchen.
August klettert vom Bücherschrank
und greift nach dem Leckerbissen.

„Klar", seufzt Ole.
„Der darf, nur ich nicht!"

„Tja, du bringst eben auch
keinen fetten Finderlohn",
sagt Anne und reicht August
ein Stückchen Banane.
„Auf die Rückgabe des Affen
sind 200 Euro ausgesetzt!"

„Na, wenn das kein Erfolg ist!"
Henrik grinst zufrieden.
„Drei Fälle auf einen Schlag gelöst:
erstens den Streuner gefangen,
zweitens den Dieb gestellt,
drittens die Klassenkasse gefüllt!"

Leserätsel

Rätsel 1

Schulgeschichten

Findest du die richtige Seite?
Trage die Zahl ein!

Auf Seite _____ steht ein Mal **Weitsprung.**

Auf Seite _____ steht ein Mal **Musikunterricht.**

Auf Seite _____ steht ein Mal **Zylinder.**

Die Schulhofdetektive und der geheimnisvolle Dieb

Rätsel 2

Fülle die Kästchen aus!
Benutze nur Großbuchstaben!

Lösungen
Rätsel 1: S. 31, 35, 44
Rätsel 2: Kasse, Henrik, Affe, Scherben, Lupe

Rätsel 3

Schulgeschichten

Fülle die Lücken aus. Trage die Buchstaben in die richtigen Kästchen ein. So findest du das Lösungswort für die Rabenpost heraus!

Der Papagei gehört dem

D I R E K T O R. (Seite 19)

Aus Moritz Buch kommt ein

D R A C H E. (Seite 27)

Maja spielt kein

I N S T R U M E N T. (Seite 35)

Herr Fuchs kann

Z A U B E R N. (Seite 44)

Lösungswort

S C H U L E

Hast du das Lösungswort herausgefunden?
Dann kannst du jetzt tolle Preise gewinnen.

Gib das Lösungswort auf der Leserabe-Website www.leserabe.de ein oder schick es mit der Post an folgende Adresse:

An den Leseraben
Rabenpost
Postfach 2007
88190 Ravensburg
Deutschland

Bitte frage deine Eltern!*

Lösungswort

An
den LESERABEN
RABENPOST
Postfach 2007
88190 Ravensburg
Deutschland

* Wir verwenden die Daten der Einsender nur für das Gewinnspiel und nicht für weitere Zwecke. Alle weiteren Informationen zum Datenschutz und über unser Gewinnspiel findet Ihr unter www.leserabe.de.

Lesen lernen wie im Flug!

In drei Stufen vom Lesestarter zum Leseprofi

Vor-Lesestufe
Ab Vorschule

ISBN 978-3-473-46315-2

ISBN 978-3-473-46317-6

1. Lesestufe
Ab 1. Klasse

ISBN 978-3-473-46318-3

ISBN 978-3-473-46285-8

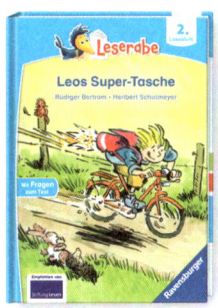

ISBN 978-3-473-46319-0   ISBN 978-3-473-46205-6

2. Lesestufe
Ab 2. Klasse

Die 1. Lesestufe gibt es jetzt auch in

Mit kurzen Sätzen

Mit Sprechblasen für mehr Action

Mit Rätseln zu schwierigen Wörtern

Leichter lesen lernen

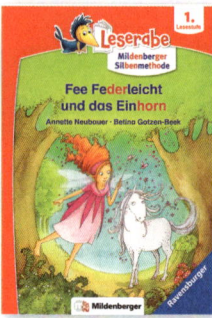

ISBN 978-3-473-**46230**-8*
ISBN 978-3-619-**14603**-1**

ISBN 978-3-473-**46275**-9*
ISBN 978-3-619-**14341**-2**

ISBN 978-3-473-**46194**-3*
ISBN 978-3-619-**14452**-5**

ISBN 978-3-473-**46193**-6*
ISBN 978-3-619-**14602**-4**

ISBN 978-3-473-**38556**-0*
ISBN 978-3-619-**14609**-3**

ISBN 978-3-473-**38553**-9*
ISBN 978-3-619-**14447**-1**

** **Gebundene Ausgabe** bei Mildenberger   * **Broschierte Ausgabe** bei Ravensburger

mit der Silbenmethode

ISBN 978-3-473-**46231**-5*
ISBN 978-3-619-**14344**-3**

ISBN 978-3-473-**46274**-2*
ISBN 978-3-619-**14606**-2**

ISBN 978-3-473-**38568**-3*
ISBN 978-3-619-**14481**-5**

ISBN 978-3-473-**38565**-2*
ISBN 978-3-619-**14480**-8**